AF246830

TRÈS-HUMBLE ET RESPECTUEUSE

SUPPLIQUE,

OU PÉTITION APPUYÉE D'UN MÉMOIRE,

Adressée à Sa Majesté CHARLES X, à nos illustres Seigneurs les Pairs de France, à Messieurs les Députés des départemens, et à Son Excellence Monseigneur le Ministre des Finances.

Par N.-J. DE SARRAZIN, Chevalier, ci-devant Seigneur de Velle et de Germainvillers, émigré à l'armée de Condé, résidant à Metz, auteur du fragment historique de l'Aratus de Scicyone, etc., etc., etc.

SIRE, et vous illustres Seigneurs Pairs de France, et très-honorables Députés des départemens, et votre Excellence Monseigneur le Ministre des Finances, veuillez bien permettre que j'ose très-humblement vous supplier de porter une loi déjà promise comme supplémentaire, en vertu de laquelle il soit ordonné qu'après que chaque Français révolutionnairement dépossédé de ses propriétés foncières situées en France, aura été provisoirement liquidé de dix-huit fois son revenu ou du prix de la vente de ses biens perdus, sur le milliar destiné à cet objet, qu'alors ce qui restera de ce milliar non encore employé et dont la totalité est affectée à l'indemnité qui leur est due par la loi du 27 Avril 1825 ; que cette remanence soit distribuée à un chacun des ayant droit à ce milliar en raison de ce qu'il a perdu ou autrement de ce qu'il a déjà reçu, vu que cette remanence n'est constituée que des rognures faites à un chacun pour ne pas risquer d'outre-passer ce milliar dans une première distribution, et par conséquent à laquelle il a droit en raison de ce qu'il a perdu ou autrement reçu ; car il ne leur a été alloué jusqu'ici que ce qui devait être uniquement destiné à figurer leurs pertes réelles incalculables, et cela d'une manière fictive et proportionnelle relative ; au lieu de leur part et portion dans ce milliar qu'elles étaient seulement propres à déterminer en disant : la perte fictive et proportionnellement relative à la perte réelle d'un chacun étant connue, et par conséquent le montant de toutes ces pertes fictives ; alors le montant de toutes ces pertes proportionnelles relatives est à un milliar, comme dix-huit fois le revenu ou le prix de la vente d'un chacun, selon la catégorie où il se trouve, est à un quatrième terme cherché son exacte part et portion dans ce milliar totalement employé sans qu'il puisse en résulter un centime de remanence ou de déficit. Ce n'est donc que parce qu'on n'a pas continué cette marche et qu'on l'a abandonné pour se jeter dans une route purement tortueuse, qu'il en résulte une remanence dont l'exacte et juste distribution nécessite aujourd'hui l'existence d'une loi conforme aux principes d'équité que nous venons d'établir : d'ailleurs pourrait-il exister rien de plus inconséquent que d'établir des basses de répartitions reconnues et adoptées comme ce qui était de plus proportionel et relatif aux pertes réelles d'un chacun, pour aussitôt leur imprimer un caractère de réprobation et d'iniquité, ainsi qu'à toutes les liquidations qui jusqu'ici en auraient été les suites nécessaires.

Au surplus, le suppliant ne réclame que ce qui a été adopté et reconnu, comme ce qu'il y avait de plus juste à l'égard des colons de Saint-Domingue ; ainsi en outre des principes d'équité qu'il a ci-devant employés, c'est un double motif pour qu'il y ait lieu d'espérer que les autres Français seront traités avec la même justice.

Et sa reconnaissance égalera son amour pour Votre Majesté, ainsi que sa confiance dans les lumières et la justice des deux Chambres et de Son Excellence Monseigneur le Ministre des Finances.

C'est dans ces sentimens qu'il ose se dire avec le plus profond respect,

Aussi fidèle sujet que soumis administré,

N.-J. DE SARRAZIN.

MÉMOIRE

A L'APPUI DE LA PRÉSENTE SUPPLIQUE.

AVANT-PROPOS.

L'ART des sophistes est poussé si loin aujourd'hui, que l'exposition de la vérité dans sa simplicité ne suffit pas, et qu'il faut en outre prévenir les coups funestes qu'un art perfide est disposé à lui porter en vertu desquels il ne réussit que trop souvent à l'obscurcir et à la détruire; c'est ce qui m'a paru nécessiter ce mémoire, par lequel j'ai dû commencer par me justifier d'avoir rendu, conformément à notre nouvelle forme de gouvernement, ma pétition collective aux trois pouvoirs; vu que c'est de la réunion de leurs vœux que résulte l'existence des lois, leurs améliorations et rectifications, ainsi que du ministre qui les conçoit, les rédige et les présente. De sorte que j'aurais cru manquer à ce que l'on doit, que de m'adresser à l'un de ces trois pouvoirs à l'exclusion des autres. Ensuite j'ai dû rapporter textuellement les seuls articles de la loi qui avaient des rapports directs avec l'objet de ma pétition, afin de les comparer, de les concilier, de leur donner le seul vrai sens et l'unique interprétation dont ils sont susceptibles, d'une manière conforme à l'équité, et c'est ce que j'ai dû ensuite appuyer des principes de droit et d'une saine jurisprudence par lesquels je finirai ce mémoire.

TITRE I.er

De l'allocation et de la nature de l'indemnité.

» ART. 1.er Trente millions de rente, au capital
» d'un milliar, sont affectés à l'indemnité due par
» l'Etat aux Français dont les biens fonds, situés

» en France, ou qui faisaient partie du territoire de
» la France, au 1.er Janvier 1792, ont été confis-
» qués ou aliénés en exécution des lois sur les émi-
» grés, les déportés et les condamnés révolution-
» nairement.

» Cette indemnité est définitive, et, dans aucun
» cas, il ne pourra y être affecté aucune somme ex-
» cédant celle qui est portée au présent article. «

Voici également la fin de l'article 9 du second titre.

» Quel que soit le total de ces déductions, il ne
» pourra diminuer l'affectation des trente millions
» de rente fixés par l'article premier. «

Il est bon d'observer que ce titre deuxième et ce
neuvième article n'ont d'autre objet que de mainte-
nir l'équité entre les indemnisés, et opérer toutes les
réductions qui fixent leurs pertes réelles ou purement
relatives et proportionnelles, afin que les uns ne puis-
sent être à raison de cela plus indemnisés que les
autres, et que tel est le motif qui a été donné lieu au
troisième alinéa de ce neuvième article, par lequel il
est dit ce que nous venons de citer.

Ce milliar ne peut donc être considéré, ainsi que
quelques uns osent le prétendre, comme le montant
d'un budjet provisoirement accordé à un ministre,
pour en réduire l'emploi selon les circonstances, autant que possible, au profit de l'état; mais cet article premier et la fin de l'article neuvième, procla-
ment que c'est une dette légitime et sacrée, dont
l'état a bien voulu se charger, et que ce milliar, sans
qu'il puisse rien y être ajouté ni retranché, doit être
entièrement affecté à éteindre.

Alors, d'après les principes de la naturelle équité,
ce milliar doit être distribué à qui de droit, en pro-
portion de ce qu'il a perdu, et alors ce n'est donc
pas dix-huit fois le revenu ni le prix de la vente de
ses biens, accordés sous deux différentes catégories
à chaque indemnisé, qui peut faire la part et portion
d'un chacun dans ce milliar, à moins que le montant de toutes ces allocations ne fussent exactement
proportionnelles à leurs pertes, et qu'en outre en
somme elles ne donnassent juste la valeur de ce mil-

liar, dernière de ces deux choses qui serait l'effet d'un pur hasard, et c'est ce qui n'est pas, puisque le montant de toutes les allocations faites selon ces deux catégories indiquées dans l'article second, donne une remanence très-considérable, de sorte que si elle était de cinq cents millions, chacun n'aurait été liquidé que de la moitié de ce qui lui revenait dans ce milliar ; et toujours dans tous autres cas chacun se trouverait-il lésé en raison de la valeur de cette remanence.

Or, il est bon d'observer que tout l'essentiel de la loi est contenu dans cet article premier, et que tous les autres n'en doivent être que des conséquences directes, subséquentes et nécessaires, afin d'en faciliter l'application avec la plus stricte équité. Par exemple, le deuxième article n'eût pas été nécessaire, s'il n'avait pas été impossible de connaître la perte réelle et la somme de ces pertes réelles ; parce qu'alors on aurait dit : la somme de ces pertes réelles est à un milliar comme la perte réelle d'un chacun est à un quatrième terme cherché sa part et portion dans ce milliar, sans qu'il puisse en résulter ni remanence ni déficit dans l'emploi de ce milliar totalement partagé à qui de droit, selon les règles de la plus stricte équité. Ce n'est donc que pour suppléer à l'impossibilité de connaître les pertes réelles d'un chacun et le montant de toutes ces pertes réelles, que le deuxième article a dû avoir lieu. De sorte que si néanmoins ce deuxième article se trouve en pleine contraction avec le premier au point de presqu'entièrement le détruire, ce ne peut être que parce qu'il s'y est introduit quelques vices de rédaction, et qu'il a été mal conçu et exprimé, ce qui peut donner lieu a une fausse interprétation, et c'est ce qui entraîne de droit une rectification, ainsi que nous le verrons plus loin.

Ce 2.ᵉ article est conçu dans les termes suivans :

» Article deuxième. Pour les biens-fonds vendus » en exécution des lois qui ordonnaient la recherche » et l'indication préalable du revenu de 1790, ou » du revenu valeur de 1790, l'indemnité consistera

» en une inscription de rente trois pour cent sur le
» grand-livre de la dette publique, dont le capital
» sera *égal* à dix-huit fois le revenu, tel qu'il a été
» constaté par les procès-verbaux d'expertise ou d'ad-
» judication.

» Pour les biens-fonds dont la vente a été faite
» en vertu des lois antérieures au 12 Prairial an 3,
» qui ne prescrivaient qu'une simple estimation préa-
» lable, l'indemnité se composera d'une inscription
» de rente trois pour cent sur le grand-livre de la
» dette publique, dont le capital sera *égal* au prix
» de vente réduit en numéraire au jour de l'adjudi-
» cation, d'après le tableau de dépréciation des as-
» signats, dressé en exécution de la loi du 5 Mes-
» sidor an 5, dans le département où était située
» la propriété vendue.

» Lorsque le résultat des liquidations aura été con-
» nu, les sommes restées libres sur les trente millions
» de rente déterminés par l'article premier, seront
» employées à réparer les inégalités qui auraient pu
» résulter des bases fixées par le présent article, sui-
» vant le mode qui sera réglé par une loi. «

Or, les deux premiers alinéa de ce deuxième article
détruisent presqu'entièrement ce premier article, et
se trouvent en pleine contradiction avec lui et la
stricte équité, puisqu'ils ne semblent allouer à chaque indemnisé qu'exactement dix-huit ses revenus
ou le prix de la vente de ses biens pour toute indemnité. Mais ceci devient doublement absurde, puisque si par événement le montant de toutes ces allocations faites sur ce pied avaient excédé ce milliar,
alors chacun aurait été forcé, en conséquence de la
fin de ce premier article, de rapporter ce qu'il aurait
reçu de trop, comme concourant à excéder ce milliar;
par la même raison, le montant de toutes ces allocations étant loin d'égaler ce milliar, chacun a droit
à la remanence qui en résulte, en raison de ce qu'il
a reçu; vu, comme nous l'avons déjà dit ailleurs,
que cette remanence n'est constituée que des rognures
faites à un chacun, pour éviter de ne pas outre-passer
ce milliar dans une première distribution faite en vertu

d'une marche tatonneuse et tortueuse, de laquelle il résulte une remanence qui ne devrait pas exister. Ainsi le commencement de ce second article ne détruit presqu'entièrement le premier, et ne se trouve en pleine contradiction avec lui et la stricte équité que par la suite d'un vice de rédaction dans ses deux premiers alinéa, et que pour avoir substitué le seul mot *égal* à celui de *proportionnel*, dont dans cette circonstance le rédacteur aurait dû se servir ; et ce vice de rédaction s'est d'autant plus facilement introduit et a contribué à suspendre et la justice et la bienfaisance des législateurs, que la plupart des personnes qui ne sont pas parfaitement versées dans les mathématiques et qui ne connaissent pas toute la force des termes techniques qui en émanent, sont dans le cas de confondre le mot proportionnel, qui est purement mathématique, avec celui d'égal, et qu'elles sont disposées à les regarder comme à peu près synonimes, quoique dans le fait il en résulte une énorme différence ; vu qu'une chose peut être double ou la moitié d'une autre, sans cesser de lui être exactement proportionnelle et non égale.

Ainsi en substituant au mot égal celui de proportionnel dans les deux premiers alinéa de ce deuxième article, ces deux alinéa cessent d'être en contradiction palpable avec ce premier article et de le détruire presqu'entièrement, et cette loi continue à conserver ou du moins à reprendre le caractère de bienfaisance et d'équité qui lui est naturel ; bien plus, c'est ce seul mot égal, au lieu de celui de proportionnel, qui aurait dû être employé, qui a entraîné le troisième alinéa de ce second article, qui met le deuxième article en contradiction avec lui-même, ainsi qu'avec le premier article et la stricte équité ; ce qui tend à dégrader cette loi, ainsi que nous allons le démontrer.

Car les deux premiers alinéa de ce second article, après avoir établi les bases reconnues et adoptées, comme ce qu'il y avait de plus exactement proportionnel à la perte d'un chacun, selon la catégorie dans laquelle il se trouvait placé ; alors ce troisième

(8)

alinéa imprime aussitôt un caractère de réprobation
et d'injustice à ses bases, et par conséquent à toutes
les liquidations qui en peuvent être la suite. Il s'en
suit donc du troisième alinéa de ce second article,
qu'il ouvrirait un vaste champ à des réclamations
couteuses et incertaines que chacun aurait également
droit de faire sur la manière dont il aurait été liquidé;
ce que la justesse et la généralité de ces bases ont
eut précisément pour objet de prévenir.

Il est donc de la plus grande évidence que le troisième alinéa de ce deuxième article n'est en contra-
dictiou avec ses deux premiers alinéa que parce que
le mot égal a été employé au lieu de celui proportionnel dans ces deux premiers alinéa, et que c'est de
cette grave erreur que résulte le vice de rédaction de
ce troisième alinéa, qui sans cela eût été différemment
rédigé; or, cette erreur est si claire et moralement et
métaphysiquement démontrée par les contradictions
qui en résultent avec le premier article de la loi, que
cela suffit pour en nécessiter la rectification, sans nous
étendre à rechercher les causes qui ont pu produire
cette erreur, puisqu'il suffit qu'elle soit démontrée;
de sorte qu'il y a lieu de croire que si le mot égal
ne s'était pas furtivement glissé dans les deux premiers
alinéa de ce second article, que ce troisième alinéa
aurait été conçu dans les termes suivans :

Après que chacun, selon la catégorie où il se trouve
placé, aura été provisoirement liquidé de dix-huit
fois son revenu, ou du prix de la vente de ses biens,
comme base proportionnelle et relative à ses pertes
réelles, les sommes restées libres seront reparties entre
tous ceux y ayant droit, en vertu d'une loi conforme
aux principes d'équité adoptés ci-dessus pour la première distribution.

C'est la seule et véritable interprétation qu'on puisse
donner à ce deuxième article, pour éviter de faire dé-
générer cette loi en un ramas monstrueux de contradictions et d'iniquités, afin de lui conserver ou pour
mieux dire lui rendre son caractère naturel de bienfaisance et d'équité qui par lui-même heureusement prescrit
cette rectification et la seule interprétation qu'on puisse

lui donner ; d'ailleurs ce troisième alinéa du deuxième article confirme que tout le milliar doit être employé à l'indemnité, en faveur de ceux qui ont été admis à réclamer, et ce à raison de ce qu'ils ont perdu. De sorte que malgré les fausses interprétations qu'on cherche à donner à ce troisième alinéa, il ne peut être conçu et interprété autrement que de la manière susdite ou que de la suivante, à moins de blesser toutes les lois du bon sens et de la naturelle équité.

Après que le résultat de toutes les liquidations provisoires aura été connu, en donnant à un chacun exactement le prix de la vente de son bien, ou dix-fois son revenu, comme base proportionnelle relative à ce qu'il a perdu ; dans la crainte d'outre-passer ce milliar dans une première distribution, c'est que les sommes restées libres provenant de ce milliar seront destinées à réparer la différence ou l'inégalité qui résulterait de ces bases à la part et portion que chacun devait avoir dans ce milliar, ce qui est tout autre chose que de réputer ces bases injustes. Toute autre interprétation donnée à cet alinéa est un contre sens avec cette loi même et l'équité ; autrement après avoir établi des bases comme ce qu'il y avait de plus exactement proportionnel aux pertes d'un chacun, ce serait, comme on ne peut trop le répéter, leur imprimer un caractère de réprobation et d'iniquité, et supposer vicieuses toutes les liquidations faites jusqu'ici, et qui en ont été les suites nécessaires.

D'après cela, M. de Villèle a-t-il pu admettre les uns à profiter de la remanence considérable existante, et rejeter les autres, seulement sous le prétexte qu'ils n'avaient pas fait de réserve en acceptant leurs bordereaux, tandis que même la loi n'en parle pas ; et d'ailleurs comme si cette réserve pouvait établir un droit au profit des uns au préjudice des autres ; car pouvait-on refuser un bordereau dressé selon la loi, qui même par ce troisième alinéa suppose toute liquidation purement provisoire ?

Donc interpréter autrement cette loi, ce serait, sous le vain prétexte de remédier à quelques petites inégalités ou injustices particulières, que la justesse de ces bases et la généralité de leur application rendent impossible, se jeter dans les voies d'en commettre de généralement énormes; ce serait ouvrir encore une fois un vaste champ à l'arbitraire, aux exceptions, à la faveur et à l'intrigue. De sorte que pour mettre le comble à l'iniquité, il ne resterait qu'à chercher un prétexte de priver les uns d'avoir part à cette remanence, pour y admettre les autres à leur exclusion, c'est-à-dire, que de punir les premiers d'avoir rendu hommages aux administrateurs de la diligence et de la justice avec lesquelles ils avaient dressé leurs bordereaux au terme de la loi, que par conséquent chacun avait été forcé d'accepter; et ce serait récompenser les deuxièmes, auxquels il avait été sifflé à l'oreille de s'inscrire textuellement contre l'injustice de la loi, en recevant leurs bordereaux; ce qui ne tend pas moins qu'à démoraliser et à diviser l'honneur et la loyauté, en offrant aux uns de s'enrichir des dépouilles de leurs malheureux compagnons d'infortune, pour avoir fait une réserve et employé des termes dont la loi telle qu'elle a été sanctionnée est loin de parler.

Rendons ceci sensible par une comparaison et par un exemple qui n'est peut-être pas aussi microscopique qu'on le pourrait penser. Supposons que la remanence soit de cinq cents millions, et qu'il n'y ait que cent privilégiés admis à en profiter, ce qui pourrait être, tant parce qu'elle deviendrait livrée à l'arbitraire, qu'à cause des frais que cela peut occasionner et de l'incertitude d'être admis, différentes choses qui peuvent diminuer le nombre des réclamans qui se sentiraient trop peu ou nullement protégés, de manière à faire valoir leurs réclamations, ajoutez-y toutes les réclamations reçues et non admises; alors, dis-je, qu'en résulterait-il? au lieu de rectifier quelques petites injustices et inégalités que la généralité de ces bases à laquelle chacun est soumis rend impossible, et qui d'ailleurs ne pouvait être attribuée qu'à une catégorie entière sans exception, c'est que cette remanence serait distribuée entre ces cent favorisés. De sorte que si chacun était rétribué également il aurait cinq millions au-delà de ce qu'il avait été liquidé au préjudice des

autres, ou que cela serait inégalement réparti selon
le caprice de celui qui exercerait l'arbitraire, en donnant un million à l'un et neuf millions à l'autre ; ce
qu'on ne peut exactement prévoir, vu qu'il faut, aux
termes de la loi, que ces cinq cents millions de remanence soient individuellement employés, et qu'on
en rende compte aux Chambres.

Au surplus, le deuxième article péche par une omis-
sion essentielle, qui était de fixer de combien de fois
l'impôt de 1790 devait constituer le revenu, ce qui
paraît avoir été laissé à l'arbitraire du ministre ; mais
si ses instructions aux adminstrations chargées de dres-
ser les bordereaux étaient générales et sans exception
la même pour tous, les particuliers composant cette
catégorie n'auraient toujours pas à se plaindre d'être
traités différemment entr'eux, mais de l'iniquité géné-
rale attachée à cette catégorie. Il n'y aurait donc de
vraiment lésé dans cette catégorie, à l'exclusion des
autres, que ceux qui faisaient valoir leurs biens par
eux-mêmes, n'avaient aucuns baux authentiques à produire de leurs revenus en 1790, et qui par cette raison
auraient été plus faiblement imposés qu'ils n'auraient
dû l'être sur les rôles de 1790, servant de base à l'éva-
luation de leurs revenus annuels ; c'est un malheur
pour lequel on ne peut renverser toutes les liquidations
faites et l'ordre établi. Ils auraient d'abord dû deman-
der, avant que d'accepter leurs bordereaux, que la
loi leur soit rendu applicable, à l'effet de constituer
dix-huit fois les revenus de 1790; mais faute de cela,
ne retombent-ils pas naturellement dans la catégorie
du prix de la vente des biens ?

Sûrement que si l'on avait établi qu'une seule catégorie en prenant le prix de la vente des biens pour
base proportionnelle et relative aux pertes d'un chacun, l'opération eût été moins difficultueuse, plus
nette et plus facile, mais il aurait donc fallu en ce cas
ajouter à cette base proportionnelle le double de sa
valeur pendant les quatre premières années des ventes,
et la moitié pour les ventes faites pendant les quatre
années suivantes, puis pour les ventes faites depuis
la huitième année jusqu'à la douzième un quart de leur

valeur, et depuis la douzième jusqu'à la seizième, ne donner à cette base que le prix des ventes, vu qu'elles ont toute eut lieu à peu près dans l'espace de seize années, car ces biens acquéraient d'autant plus de prix que la révolution s'affermissait en France, et était depuis plus de tems établie. On aurait pu encore faire une différence des biens vendus près des frontières, et sujettes à être envahies, comme ayant été donné par cette raison encore plus au-dessous de leur valeur; mais alors c'eut été un autre travail compliqué dans un autre sens, et qui aurait eut ses inconvéniens et peut-être quelques petits avantages de plus, ce qui ne mérite pas d'en parler. Il ne s'agit pas de détruire de fond en comble ce qui a été adopté et reconnu juste et sage, mais d'en profiter. Je suis de tous les émigrés ou indemnisés plus à même de juger impartialement des choses, puisque je suis dans deux différens départemens, celui de la Meurthe et celui de la Haute-Marne, dans les deux catégories, et ce qu'il y a d'étonnant à peu près également indemnisé dans les deux catégories; et je certifie que je n'ai nullement à me plaindre de la bonté et de la justice de ces deux catégories en vertu desquelles, sous un autre point de vue que celui que nous venons de donner, on a franchement cherché autant que possible à se rapprocher de l'équité.

La plupart des réclamans s'attachent à des minuties pour négliger ce qu'il y a d'essentiel; qu'ils sachent donc que quand on aurait pris que le revenu d'une année ou que la dix-huitième partie de la vente de leurs biens pour représenter fictivement d'une manière proportionnelle leurs pertes, qu'ils auraient eu également leur part et portion dans ce milliar, comme si on eût fait les bases cent fois le revenu ou cent fois le prix de la vente de leurs biens, vu que cela n'aurait ni augmenté ni diminué le milliar qui leur était destiné, et que seulement il leur importe qu'il leur soit totalement délivré, et ce en raison des bases relatives proportionnelles à leurs pertes réelles, sur la légère défectuosité de laquelle ils doivent passer l'éponge. Il ne doivent donc pas, pour des bagatelles se laisser entraîner hors de la question et de ce qu'il y a de plus essentiel. C'est la remanence considérable à laquelle ils ont droit, et qu'ils doivent avoir soin de ne pas laisser échapper pour de petites bagatelles qui leur seraient incertainement adjugées; tandis que s'accordant à réputer bon gré malgré les deux catégories adoptées comme juste et convenable, que ce n'est pas une misère qui leur revient, mais au moins un tiers, si ce n'est plus de la moitié en sus au-delà de ce qu'ils ont été provisoirement liquidés.

M. de Villèle ayant conçu que les émigrés, l'un portant l'autre, pouvaient devoir en masse à peu près le tiers de la valeur de leurs propriétés, et que si on ne leur rendait que le tiers de cette valeur et la totalité de leurs dettes, y compris celles que la nation était censée avoir acquittées pour eux, qu'alors, soustraction faite, il en résulterait à peu près zéro, c'est-à-dire, une remanence non-totale de ce milliar, mais au moins très-considérable; attendu qu'un certain nombre des émigrés n'avaient aucunes dettes, et que d'autres s'étaient acquittés en rentrant, pour avoir quelque tranquillité, et auxquels alors on serait obligé de donner à peu près le tiers de la valeur de leurs propriétés.

De sorte que si on déduit de ce qui jusqu'ici a été employé du milliar, le montant de toutes les dettes acquittées pour les émigrés, ce qu'ils ont reçu en réalité se monterait à peine à la valeur de la remanence résultant de cette opération; ainsi il est de la plus grande importance pour eux que cette remanence ne puisse être livrée à l'arbitraire, et qu'elle ne devienne la proie de la faveur et de l'intrigue.

Cet exposé qu'il m'était impossible de plus abréger sans passer tout ce qu'il était essentiel de connaître, suffit à ce que j'espère pour justifier la demande en vertu de laquelle je conclus à ce que la remanence qui existe, telle qu'elle puisse être soit grande ou petite, soit distribuée à un chacun, en raison de ce qu'il a perdu, ou, ce qui revient au même, de ce qu'il a reçu, puisque les deux catégories en vertu desquelles chacun a été liquidé ne sont pas la part et portion de ce qui lui revient dans ce milliar, et qu'elles ne sont propres qu'à le déterminer.

Or, pour ne rien laisser à desirer sur la justice de sa réclamation, le suppliant l'appuiera des principes élémentaires suivans de jurisprudence et de droit, relativement aux vices de rédaction existans dans cette loi, qui exigent qu'on recourt à son véritable esprit, au lieu des termes opposés dans lesquels elle est conçue; de sorte que pour lui conserver ou pour mieux dire lui rendre son caractère de bienfaisance et d'équité lequel heureusement prescrit par lui-même ces sortes de rectifications que malgré cela il n'est pas hors de propos d'appuyer des principes de droit réduits dans le petit nombre d'axiomes suivans.

Axiome premier.

La loi suprême c'est l'équité naturelle à laquelle Dieu c'est interdit dans sa sagesse de déroger, sans cesser d'être ce qu'il est en lui-même; vu que cette équité est un des principaux attributs qui constituent essentiellement la Divinité. A plus forte raison, tout législateur ne peut s'écarter de cette équité naturelle, sans quoi ses lois et ses institutions, après avoir produit les plus grandes calamités, seraient heureusement de plus ou de moins courte durée.

Axiome second.

L'équité n'est donc pas dans la loi, ni dans les termes dans lesquels elle se trouve conçue; mais la loi doit résider dans l'équité naturelle gravé d'une manière ineffaçable par Dieu dans le cœur de l'homme, appelé à juger, et présumé sans passion ni partialité; vu que cette équité naturelle est exempte des vices et des fausses acceptions des termes dont est susceptible le langage humain, même le plus épuré.

Axiome troisième.

Donc les jurisconsultes et les juges n'ont pas fait une étude particulière des lois qui fourmillent d'exemples de la raison ou de l'équité écrite dans une langue étrangere, la seule chose qui restera à jamais de la grandeur des romains. Ces juges et jurisconsultes ne sont donc pas institués pour devenir les instrumens aveugles de la volonté d'un législateur, et des termes vicieux dans lesquels ils se seraient exprimés; ils doivent toujours supposer que le législateur n'a pu ni n'a voulu s'écarter de l'équité naturelle, leurs honorables fonctions ne se bornent donc point à être de purs grammairiens ou de simples étymologistes, mais à interpréter et à appliquer la loi et même à la rectifier, le cas échéant, d'après les principes de l'équité naturelle, d'autant plus qu'il est impossible à un législateur de prévoir tous les différens cas qui peuvent nécessiter des variations dans l'application de la loi. *(a)*

C'est pourquoi le suppliant se croit fondé à espérer, qu'à plus forte raison, la législation actuelle usera du droit qu'elle a de rectifier les erreurs involontaires dans lesquelles a été entraîné la législation précédente par les vices de rédaction, suites de la fausse manière de voir du rédacteur, et son peu d'instruction des principes mathématiques et de leurs termes techniques, vu surtout qne ces sciences étaient appelées à jouer un rôle essentiellement indispensable dans la loi sur l'indemnité. C'est pourquoi le suppliant conclut à ce que la loi du 27 Avril 1825, soit interprétée de manière à en faire disparaître toute contradiction et qu'elle soit appliquée d'une manière conforme à sa naturelle bienfaisance et équité. Et de rechef, à ce qu'après qu'un chacun aura été provisoirement liquidé selon la catégorie dans laquelle il se trouve placé, le reste de ce milliar soit distribué à un chacun à raison de ce qu'il a perdu ou de ce qu'il a reçu. De même que cela a été admis depuis à l'égard des colons de Saint-Domingue, vu que les Français ne doivent pas être soumis à deux différens poids ou différentes mesures.

DE SARRAZIN.

(a) Nota. On dira peut-être, mais si les juges peuvent décider de tout selon ce que leur paraît dicter leur honneur et leur conscience et l'équité naturelle,

il n'y a donc plus besoin de loi ? Je répondrai d'abord
à cela, vous prétendez donc que les juges peuvent
agir contre leur conscience et leur honneur, et ce qui
leur paraît évidemment opposé à l'équité, quand le
législateur le prescrit, et qu'il ne peut pas plus s'égarer
dans sa volonté que dans les termes dont il se sert
pour l'exprimer ; mais alors nous n'avons plus besoin
de faire une étude particulière du droit et de la raison
écrite, et de jurisconsultes et de juges ; il ne nous faut
plus que de purs grammairiens et que de simples
étymologistes. C'est donc au contraire vous qui prétendez qu'il ne faut plus ni de jurisconsultes ni de juges,
ayant fait une étude particulière du droit, et que la
loi seule doit suffire, tandis que je soutiens tout au
contraire que les jurisconsultes et les juges ne sont pas
moins nécessaires que la loi, pour l'interpréter selon
les règles de la naturelle équité. Sans doute qu'il
voudrait mieux qu'il n'y ait d'autres lois, en matières
civiles, que la simple instruction et la probité des
juges, plutôt qu'un million de lois qui se contre-
disent entr'elles, et en outre particuliérement avec elles
mêmes, et qui sont rédigées d'une manière si obscure,
qu'elles peuvent être interprétées la plupart du tems
ainsi qu'on le veut, puisque c'est ce qui fournirait
tant d'alimens à la chicane, d'embarras et d'incertitude dans l'esprit des juges ; mais cela ne dit point
pour cela qu'il n'existe pas dans la plupart des lois
faites hors des tems de barbarie ou de révolution, des
principes de justice et d'équité qu'on trouve plutôt dans
l'esprit de ces lois que dans les termes où elles sont con-
cues ; de sorte que si les juges doivent motiver leurs
décisions, c'est plutôt pour éclairer le public sur ses
devoirs, que pour rendre compte de ce qu'en conscience et honneur ils ont dû déterminer, et tel est le
motif pour lequel ils doivent être inamovibles.

A METZ, CHEZ PIERRET, IMPRIMEUR.